UN

MOT SUR LA SITUATION

HUMBLES CONSEILS A MES CONCITOYENS

PAR VICTOR RESAL

REPRÉSENTANT DU PEUPLE, MEMBRE DU CONSEIL GÉNÉRAL DES VOSGES,
ANCIEN MAIRE DE DOMPAIRE.

Si quelqu'un vous dit que vous pouvez vous enrichir autrement que par le travail et l'économie, ne l'écoutez pas, c'est un empoisonneur !

FRANKLIN.

PARIS

GERDÈS, IMPRIMEUR-ÉDITEUR,

RUE SAINT-GERMAIN-DES-PRÉS, 10.

—

1849.

TROIS LIGNES DE PRÉFACE.

Ceci n'est point un ouvrage, je n'ai pas la fatuité de le croire, c'est un acte.

Et si, parmi mes concitoyens des Vosges à qui ces réflexions sont destinées, je parviens à faire quelque bien en popularisant des idées justes, toute mon ambition sera remplie.

UN

MOT SUR LA SITUATION

HUMBLES CONSEILS A MES CONCITOYENS.

———

CHAPITRE Ier.

DEUX PRINCIPES SOCIAUX EN PRÉSENCE.

Paris a vu en juin 1848 la guerre civile ensanglanter ses rues, et ce n'était pas la politique seule qui avait donné le funèbre signal... En juin 1849, pareille tentative a été faite. D'un côté étaient les idées du vieux monde, et à leur tête le principe de l'appropriation; de l'autre côté était l'idée communiste. Des deux parts on disait vouloir le règne de la justice et le bonheur du peuple! Où était la vérité?... Arrêtons-nous un peu, et, pour répondre à cette question, jetons sur ces deux ordres d'idées un coup d'œil rapide.

§ Ier. — De la propriété.

Qui oserait dire à l'ouvrier, qui a gagné deux francs dans sa journée, que ce fruit de son travail ne lui appartient pas, quand ces deux francs sont sortis sou par sou de tous ses pores avec sa sueur?

Personne, je le crois, n'aurait cette impudence, et pourtant voilà la propriété (1)!..... En effet, si de ces deux francs il ne dépense que la moitié, s'il continue cette épargne durant des années, et si, avec cette accumulation de sueurs, il achète un champ ou une maison, il est incontestable que ce résultat final de son travail et de ses privations prolongés lui appartient au même titre, et demeure aussi sacré pour tous que le fruit de son travail d'un jour.

Voilà, je le répète, la propriété individuelle, et y porter atteinte serait attenter à la liberté même de l'homme; car ce serait lui dire : Ce champ, cette maison, qui proviennent de ton labeur et de tes épargnes, et qui par conséquent sortent de toi, je les prends; tu auras donc travaillé pour moi comme si tu avais été mon esclave.

Il y a plus : la propriété individuelle n'est pas seulement un droit sacré, elle est le premier instinct de l'homme; car l'enfant suspendu à la mamelle, et qui ne saurait encore être imbu des maximes du monde, étend la main vers l'objet de son désir pour se l'approprier;... car le sauvage, que pousse le seul instinct de nature, ne poursuit le daim dans les forêts que pour en faire sa propriété;... car, enfin, depuis les cinq mille ans que la tradition donne au monde de durée, toujours la propriété a existé, et toujours aussi les atteintes qui ont pu lui être portées ont été regardées comme des attentats punissables.

Il y a plus encore : sans la propriété individuelle, c'est-à-dire si l'homme ne travaillait pas pour lui-même, rien n'existerait de toutes les magnificences qui frappent nos regards; les villes ne seraient point bâties, les vignes et les vergers ne seraient pas plantés, les champs ne seraient pas en culture; car qui eût voulu bâtir, planter, cultiver pour autrui?

Croire que les arts auraient pu prendre naissance sans le stimulant de la propriété, et que les hommes se seraient jamais livrés au travail et imposé les dures privations qui seules

---

(1) M. Proudhon l'a cependant fait, car il dit en propres termes : « Le travailleur n'est pas même propriétaire du prix de son travail. » Cela n'a pas besoin d'être réfuté.

amènent de la pauvreté à la fortune sans la certitude de recueillir les profits de leur labeur, ce serait tout à fait ignorer le cœur humain!!!

Ces simples mais graves considérations, qui planent sur la propriété individuelle, couvrent aussi de leur égide l'hérédité de la propriété.

Car, si ce que j'ai est ma création et m'appartient à ce titre, il sort de là que je puis en disposer en faveur de toute personne, et à plus forte raison le laisser aux mains de mon enfant.

Et, si l'homme n'avait pas pour l'encourager dans ses travaux la conviction que son fils sera son héritier et qu'ainsi il pourra lui tendre la main à travers la pierre du tombeau, il s'arrêterait dès l'instant où il serait pourvu de ce qu'il lui faudrait à lui-même, et encore toujours la société serait, par cette cessation d'activité, menacée dans son existence.

Et la famille, ce milieu sacré de tous les épanchements de la tendresse, ce berceau de l'enfance, cette éducation du jeune âge, ce bon soleil qui luit sur les derniers jours du vieillard, la famille, sans laquelle l'homme isolé sur la terre n'y accomplirait qu'un douloureux pèlerinage, que deviendrait-elle? Resterait-elle réunie, alors que l'héritage serait détruit et qu'elle n'aurait plus d'intérêts communs?

Le père voudrait-il, voyageur d'un jour, élever un toit qui ne devrait pas abriter ses fils?

Les enfants, obligés de songer de suite à eux comme les petits des animaux, voudraient-ils aider leur père à faire la semaille, quand, après sa mort, ce ne serait pas à eux qu'appartiendrait la moisson?

Non... Plus d'intérêt, plus d'avenir, plus de ces projets qui réchauffent le cœur et décuplent les forces, et par conséquent plus de travail; mais la paresse et le découragement dans les âmes, mais les maisons en ruine et les champs en friche, mais la décadence de tous les arts, et bientôt, avec la famine, le silence des tombeaux... Voilà le sort inévitable de la société sans la propriété individuelle et héréditaire!

Et cela est vrai de toutes les propriétés possibles, à quelque chiffre qu'elles puissent monter, car leur principe constitutif est identique.

Cela est vrai même de celle que les tribuns du jour appellent l'infâme capital, et qui bien souvent n'est pas autre chose que la modeste rente provenant au vieux domestique et à l'ouvrier qui ne peut plus travailler des durs labeurs et des privations de leur jeunesse.

Cela est vrai, malgré cette assertion, monstrueuse d'immoralité, de l'un des hommes les plus éminents de la nouvelle doctrine : « La propriété est un vol! » Idée monstrueuse d'immoralité, parce que, d'une part, elle est en elle-même une excitation manifeste aux violences destructives, et parce que, d'une autre part, elle donne à la propriété, qui est une chose de droit et de morale, une définition qui ne convient, au contraire, qu'à l'idée communiste.

Cela est vrai enfin et d'éternelle vérité, malgré l'assertion par trop hasardée d'un écrivain dont le talent n'a servi encore qu'à démolir, et qui ose de nos jours définir la propriété « le droit du premier occupant!!! » comme s'il pouvait montrer dans la propriété actuelle un seul exemple du droit de premier occupant; comme si la révolution de 89 n'avait pas détruit tous les avantages féodaux; comme si toutes les fortunes présentes, par leur date plus ou moins récente, ne protestaient pas contre cette mensongère définition, laquelle reçoit un nouveau démenti de ce fait remarquable, que, dans toutes les familles, il y a des pauvres et des riches; comme si, enfin, les inégalités de fortune n'étaient pas le résultat inévitable de l'établissement de la propriété, d'une part, et, d'une autre part, des différents degrés de force, d'intelligence, d'amour du travail et d'épargne entre tous les hommes!

§ II. — Du principe communiste.

Peu de mots suffiront pour l'expliquer et l'apprécier : il tend à constituer l'unité de la propriété dans les mains de l'État, et par conséquent à en détruire l'individualité et l'hérédité.

Ce ne serait pas le partage égal entre tous, parce que, ce partage, qui serait chaque jour détruit, il faudrait chaque jour le recommencer... Les docteurs de cette loi nouvelle l'ont bien senti.

Ce ne serait pas la propriété pour chacun; ce serait, au contraire, la privation de la propriété pour tout le monde, et il n'y aurait pas même, dans cet ordre de choses incroyable, satisfaction pour ceux-là qui, peu soucieux de la morale et du devoir, auraient de l'inclination à devenir propriétaires aux dépens d'autrui, et sans passer par les épreuves du travail et de l'épargne.

Dans ce système, il y aurait un État et peut-être aussi des communautés propriétaires, mais il n'y aurait plus d'individus propriétaires.

L'État et les communautés seraient les maîtres de toutes choses, et les citoyens destitués d'initiative ne seraient plus que des gérants salariés... d'une manière égale, selon les uns, et d'une manière proportionnelle à leurs œuvres et à leur capacité, selon les autres; car, dans l'école communiste, il y a autant de systèmes qu'il y a d'écrivains.

Mais, quoi qu'il en soit, unité et concentration de la propriété, voilà le principe communiste; comme individualité et hérédité de la propriété, voilà le principe du vieux monde.

Or, en premier lieu, pour passer de l'état actuel d'individualité et d'hérédité de la propriété à sa concentration dans les mains de l'État, soit qu'on le fasse brusquement et sans transition, soit qu'on le fasse par des voies lentes et détournées, il faut accomplir un vol immense, puisqu'il faut, en définitive, en venir à la spoliation de quiconque possède et à la ruine des espérances de quiconque doit un jour posséder.

Inutilement déguiserait-on les choses sous la fantasmagorie des mots; voilà les deux points extrêmes de la propriété : dans le vieux monde, individualité et hérédité, et, dans la doctrine nouvelle, concentration et unité.

Pour passer de l'une à l'autre doctrine, il y a donc, je le répète, un vol immense à commettre, s'il est vrai, comme je crois l'avoir démontré, que la propriété individuelle et héréditaire qui sort de l'homme, par cela seul qu'elle est le résultat de son travail et de ses privations, soit un droit incontestable et sacré.

Il y aurait, dans cette transition, un vol odieux à commettre, quand bien même on parlerait d'inscrire ceux qu'on dépouillerait ainsi sur le grand-livre de la dette publique à titre d'indemnité; car cette inscription dérisoire ne serait pas autre chose que le prélude à une immense et inévitable banqueroute de la part de l'État.... et certes, si, pour prouver cette vérité évidente par elle-même, il fallait recourir au raisonnement, celui-ci seul suffirait.

Quand le cultivateur, qui agit avec toute l'économie et toute l'activité de l'homme qui travaille pour lui-même, fait au plus produire à sa terre quatre à cinq par cent, il est clair que l'État, agissant par la main négligente d'autrui, lui ferait à peine produire un ou deux..... Or, la banqueroute n'est-elle pas le sort inévitable de celui qui paie cinq et qui produit un?

Ce caractère spoliateur du nouveau principe devrait donc le faire rejeter; mais là n'est pas le seul reproche qui puisse lui être adressé.

En effet :

Pour faire naître et pour entretenir le travail de tous et de chacun, sans lequel le monde périrait à l'instant par le manque de toutes choses, vous n'auriez plus le stimulant de l'intérêt privé; vous ne pourriez plus dire : «Travaille et tu auras,» puisque l'homme ne travaillerait plus pour lui-même, mais qu'au contraire chacun devrait travailler pour tous, comme tous pour chacun.

Or, l'homme n'est point assurément taillé dans cette étoffe héroïque, et j'affirme hautement que, du moment où son travail serait pour tous, il cesserait à l'instant.

Pour en douter, il faudrait ne pas connaître la nature humaine et n'avoir jamais mis la main aux affaires publiques qui sont la véritable école de la philosophie; car dans la commune, par exemple, où quelquefois pourtant la population est si peu nombreuse que, travailler dans l'intérêt communal, c'est presque d'une manière directe travailler pour soi-même, eh bien! cependant, le grand nombre, appréciant trop haut ses droits et trop bas ses devoirs, ne lui accorde qu'à contre-cœur sa coopération, estime qu'il a toujours trop fait et se garderait bien d'aller au-delà de sa part contributive, parce que ce serait travailler pour autrui;..... tandis qu'au contraire ceux-là sont très-peu nombreux, que leur cœur porte vers l'abnégation de leurs intérêts et vers le sacrifice de leurs efforts au profit de tous.

Tel est le cœur humain... L'abnégation n'existe chez lui que par exception, et, fonder un état social qui exigerait chez tous cette vertu de quelques âmes d'élite, serait le comble de la folie et courir aux abîmes.

Le principe communiste est donc contraire au droit et à la justice, en même temps qu'il est mortel à la famille et, par conséquent, à la morale;.... il détruit le travail en brisant l'intérêt, qui fut toujours son stimulant le plus actif, et, incapable de faire marcher une société quelconque, il ne saurait engendrer que des ruines.

Paris, disais-je, en commençant ce chapitre, a vu, en juin, la guerre civile ensanglanter ses rues. Ces déchirements de la patrie m'ont ému profondément, mais ils ne m'ont pas surpris, car, au mois de mai 1848, j'écrivais ces lignes, en parlant des sectaires de l'idée communiste : « Arrière donc, philosophes sans bon sens ou sans bonne foi, qui, préoccupés exclusivement du besoin de la nouveauté et souvent de celui d'attirer sur vous les regards du monde, en préparant dans le silence du cabinet de doucereux arguments de spoliation, ne faites pas autre chose qu'aiguiser des poignards! »

Ces déchirements ne m'ont pas surpris, parce que, si je sens que cette idée ne peut souffrir l'examen des hommes réfléchis et instruits par la pratique des affaires, je sens aussi que là où manquent les enseignements de la religion et de la morale, elle est pleine de séductions pour l'indigence.

Ils ne m'ont pas surpris enfin, parce que derrière les hommes de bonne foi qui, malgré leur erreur, honorent tous les partis, cette idée devait infailliblement enrégimenter tout ce qu'il y a d'hostile à tout état social ou politique possible, depuis les ambitieux à la façon de Catilina jusqu'aux repris de justice.

CHAPITRE II.

MAIS Y A-T-IL RÉELLEMENT ANTAGONISME ENTRE CELUI QUI A ET CELUI QUI N'A PAS?

Oui, sans doute, si, pour répondre, on se place au point de vue de l'envie et de l'improbité, oui, il y a dans ce cas antagonisme entre celui qui n'a pas et celui qui a, comme il y a antagonisme entre le malfaiteur et celui qu'il attend à l'angle d'un bois pour le dépouiller.

Mais non, mille fois non, il n'y a pas antagonisme entre eux, si l'on veut raisonner au point de vue du droit et de la probité, qui seuls peuvent faire vivre les sociétés.

A ce point de vue honorable, les intérêts de toutes les situations sociales sont les mêmes, et je vais le prouver.

Celui qui possède une chaumière et celui qui possède un domaine ont le même intérêt à ce que ces résultats de leur travail et de leur épargne soient sacrés dans leurs mains et passent librement aux mains de leurs enfants.

Car si aujourd'hui l'homme qui n'a qu'un champ, oubliant les lois de l'honneur, aide à dépouiller celui qui en a dix, de quel droit se plaindra-t-il d'être lui-même dépouillé demain, puisque les titres de leur possession sont identiques?

Celui-là même qui ne possède rien est appelé à posséder un jour, s'il est économe et laborieux; car, sans parler ici de ceux qui sont arrivés exceptionnellement, et pour ainsi dire d'un saut, de l'indigence à de grandes fortunes, il n'est que très-peu d'hommes qui, avec beaucoup d'ordre, d'économie et de travail, ne puissent arriver à un petit bien-être, lequel pourra ensuite et par les mêmes qualités être augmenté par leurs enfants.... Eh bien! si, au temps de sa pauvreté, il a méconnu les droits d'autrui, comment pourra-t-il exiger plus tard que l'on respecte les siens?... comment pourra-t-il prétendre qu'on ne doit pas lui prendre dans huit jours ce qu'il vient de prendre lui-même aujourd'hui?

Mais poursuivons; car ce qui précède est trop palpable pour qu'il faille insister.

Quel est l'intérêt de celui qui a un capital à placer?....

Ce n'est pas assurément de le tenir inactif dans un coffre-fort, puisque, dans cet état, il n'en tire rien et qu'ainsi il est obligé, faute de rentes, de détruire ce capital pour vivre.

C'est donc à le placer qu'il a tout l'intérêt possible, et cet intérêt correspond à celui de l'homme qui a besoin d'emprunter.

Quel est l'intérêt de celui à qui il faut un engrangement ou une maison d'habitation? C'est évidemment de faire exécuter ces constructions et non pas de se priver de ce qui lui est nécessaire en les ajournant indéfiniment, et cet intérêt correspond à celui de tous les ouvriers dont la coopération est nécessaire pour arriver à ces créations.

Quel est l'intérêt du manufacturier? Est-ce de laisser rouiller ses métiers dans l'inaction et de ne tirer par là aucun profit de ses manufactures qui occupent un si gros capital? Non, assurément; c'est de fabriquer, les profits de sa fabrication fussent-ils très-modiques, et cet intérêt correspond à celui de tous les ouvriers qu'il occupe.

Quel est l'intérêt du vigneron, du cultivateur? Serait-ce par hasard de laisser leurs vignes et leurs champs en friche? Non; c'est de les cultiver et de faire dans leurs plantations toutes les améliorations désirables et dont le profit sera en partie pour eux..... et cet intérêt correspond à celui de tous les ouvriers qui travailleront à ces améliorations.

Quel est l'intérêt du marchand? C'est de vendre ses marchandises, qui resteront dans ses magasins, si le public, ne gagnant pas, ne peut ni acheter ni consommer..... Leur intérêt est donc par conséquent le même; c'est de voir régner l'aisance par l'activité et la consommation par l'aisance.

Quel est l'intérêt de celui qui a du blé, du vin, des bestiaux à vendre? C'est de s'en défaire à des prix qui soient acceptables... Eh bien! les prix seront d'autant meilleurs que l'on consommera davantage, et la consommation sera d'autant plus grande que le public, plus à son aise par l'activité de ses diverses industries, pourra davantage acheter.

Durant l'année qui vient de s'écouler, année si riche pourtant par l'abondance de ses produits alimentaires, la gêne a regné partout, depuis l'ouvrier, dont les bras étaient inactifs, jusqu'à celui que l'on disait riche, et qui, en réalité, ne pouvait être dans une grande aisance, si on ne lui payait pas ses rentes ou ses fermages, et s'il ne trouvait pas à vendre ses denrées.

Que l'activité renaisse, au contraire, et la face du monde sera changée.

Or, pour cela, que faut-il?

La sécurité qui produit la confiance.

CHAPITRE III.

LA SÉCURITÉ SEULE PRODUIT LA CONFIANCE, ET LA CONFIANCE PEUT SEULE RAMENER L'ACTIVITÉ.

Si, à un homme qui vient d'entendre gronder l'émeute et retentir les menaces de meurtre et de pillage, vous dites qu'il est en sécurité et qu'il doit prendre confiance, il est possible qu'il ne vous réponde pas, parce qu'il ne voudra pas entrer dans des discussions irritantes, mais ne croyez pas l'avoir convaincu... Car l'appréciation de la sécurité est une chose de sentiment, multiple dans ses bases, et qui demande, pour naître, le temps et les événements.

D'un autre côté, vouloir que celui-là qui ne se sent pas en sécurité et qui n'a aucune confiance dans l'avenir marche dans la carrière de l'activité sociale, c'est vouloir l'impossible... En effet :

Dans ces moments de crise, où le commerce avec l'extérieur s'arrête et produit déjà la rareté du numéraire, dire au commerçant, au manufacturier, au laboureur, qu'ils ne doivent garder aucun argent près d'eux, mais qu'au contraire ils doivent dépenser jusqu'à leur dernière obole en travaux de tout genre, c'est comme si, dans les moments de détresse de subsistances, on leur disait qu'ils ne doivent pas avoir un kilogramme de pain d'avance dans leurs maisons; c'est, en d'autres termes, leur dire qu'ils doivent abdiquer l'instinct de leur conservation.

Leur dire surtout, dans ces instants, qu'ils doivent, dans le but d'occuper des ouvriers, se livrer à des travaux non commandés par la nécessité, à des améliorations peu productives, et qu'on ne fait que quand on est riche, c'est évidemment parler sans aucune chance d'être écouté.

Aller enfin jusqu'à leur dire que, s'ils n'ont pas d'argent pour poursuivre leur marche, ils doivent en emprunter, alors que peut-être personne ne voudrait leur en prêter, et cela pour produire des denrées sans écoulement possible, ce n'est assurément plus raisonner.

Il n'y a, dans ces circonstances critiques, de disposés à marcher quand même, que les hommes peu nombreux qui placent l'intérêt public au-dessus de leur intérêt privé, et encore faut-il qu'ils le puissent, car évidemment ils sont eux-mêmes sous l'influence de la pression générale.

Il n'y a donc, répétons-le, que le sentiment de la sécurité qui produise la confiance, et que la confiance qui puisse ramener l'activité.

Mais que la confiance se rétablisse, et à l'instant l'activité renaîtrait partout sous l'influence toute-puissante de l'intérêt qui pousserait les hommes dans la carrière.

Quelques esprits, il est vrai, partent d'une autre base et n'envisagent point ainsi les choses.

Selon ces hommes, heureusement rares, quand il y a manque de confiance et par conséquent langueur dans tous les travaux nourriciers de la société, ce n'est pas la confiance qu'il faut rétablir par la sécurité, ce n'est pas à l'intérêt que tous ont à marcher qu'il faut demander la reprise de la marche générale.

Ce qu'il faudrait, selon eux :

C'est contraindre le capitaliste à livrer son dernier écu par des inventions monstrueuses, comme des impôts d'un ou de plusieurs milliards frappés sur les soi-disant riches, sauf à ne pouvoir réaliser ces extorsions même par le moyen des ventes à l'encan;

C'est contraindre le négociant à continuer ses marchés;

C'est contraindre le manufacturier à faire mouvoir ses machines;

C'est contraindre le cultivateur à continuer ses améliorations et à livrer ses denrées au maximum;

C'est contraindre partout et toujours, car il faudrait aussi, dans cet ordre d'idées, contraindre l'ouvrier, qui aurait été plus économe qu'un autre, à ne pas retenir chez lui plus qu'il ne lui faut rigoureusement pour manger;

C'est contraindre partout et toujours; car, quand on a mis le pied dans cette carrière de la violence, il est impossible de s'arrêter.

Or, pour cela, il faut deux choses :

La première, exercer l'investigation rigoureuse, qui ne peut avoir lieu que par la visite domiciliaire chez tous et chez chacun; et la seconde, tenir tous et chacun tremblants sous l'épouvante du châtiment.

C'est le système de la terreur, système contre nature et avilissant pour l'espèce humaine s'il en fût jamais, car il fait, de la société tout entière, un bétail qui n'a plus d'autre sentiment que la crainte du fouet... Et ce qu'il y a de plus étonnant, c'est que bien souvent ces idées sont soutenues par ceux-là même qui prétendent aimer bien plus que tous les autres et les hommes et la liberté.

CHAPITRE IV.

D'OU PEUT RENAÎTRE LA CONFIANCE ET PAR CONSÉQUENT L'ACTIVITÉ?

Il n'y a pas, selon moi, d'hésitation possible dans la réponse à une telle question... C'est de l'ordre et de la paix!

Non pas de la paix qui serait humiliante pour l'honneur français, mais de la paix basée sur l'intérêt égal de tous les peuples, sur le besoin, devenu si impérieux pour tous, de leurs relations réciproques, et sur l'horreur instinctive qu'inspire généralement et partout la sanglante loterie des batailles; de la paix que l'on verra certainement s'affermir, si, renonçant franchement à vouloir imposer aux autres sa loi et ses principes, la France a la sagesse de ne point se mêler des affaires d'autrui et de réserver, pour vider ses propres querelles, et l'or et le sang de ses enfants.

C'est aussi, disais-je, de l'ordre à l'intérieur que doit renaître la confiance; mais ici il est nécessaire d'entrer dans quelques courtes explications.

Ce n'est pas seulement cet ordre purement répressif, et qui établit la libre circulation dans la rue, qui est nécessaire; mais aussi cet ordre dans les idées qui sauvegarde les grandes bases sociales et donne de la force au principe d'autorité.

C'est aussi cet ordre qui naît de la juste satisfaction de tous les sentiments et de tous les intérêts légitimes et qui ne laisse en dehors de son cercle que les excentricités.

C'est l'ordre basé sur une rigoureuse épargne des deniers publics et sur une juste répartition des charges et des avantages communs; qui se fait secourable à la pauvreté honnête et l'appelle sans cesse à un meilleur sort par les bonnes mœurs

C'est l'ordre qui naît des enseignements persévérants de la religion et de la morale, afin que chaque citoyen se persuade bien qu'il n'a pas seulement des droits à exercer, comme on le lui a trop répété, mais aussi des devoirs à remplir.

et le travail, en même temps qu'il étend le baume et la charité sur les plaies du malheur.

C'est l'ordre enfin qui, plein de tolérance, se fait large pour réunir et non pas exclusif pour diviser et affaiblir... mais qui, aussi, ne transige jamais avec les ennemis du repos public dont la licence n'est pas autre chose que l'oppression des honnêtes gens.

L'ordre qui doit rappeler la confiance, et par la confiance l'activité, c'est celui qui prend pour base le respect de la loi et de la constitution, hors desquelles il n'y a plus que des questions de force, qui dès lors tend à l'affermissement de la république sur le terrain de laquelle tous les hommes honnêtes, à quelque parti qu'ils aient appartenu, peuvent se donner rendez-vous, et qui, par conséquent, s'opposerait à toutes les tentatives dynastiques au bout desquelles serait infailliblement la guerre civile.

C'est enfin cet ordre qui veut fermer la carrière des révolutions en ouvrant celle des réformes, mais qui veut procéder sûrement, et qui, par conséquent, ne veut mettre aucune précipitation dans sa marche.

Oui, l'ordre et la paix sont les grands, les seuls moyens de faire renaître l'activité universelle par la confiance et l'aisance générale par l'activité.

Il y a plus, ils sont aussi les grands moyens émancipateurs des nations.

Partout l'esprit humain marche toujours; la liberté, l'égalité civiles sont son rêve de tous les temps et de tous les lieux.....

Et si les révolutions sans cesse renouvelées, si la guerre et la propagande armée produisent quelquefois des fruits, trop souvent ils sont amers et bientôt les peuples s'en dégoûtent! C'est avec la paix entre les nations, c'est avec l'ordre dans le sein des États que la civilisation, que la liberté et l'égalité civiles, marchant d'un pas égal avec la raison, les lumières et l'expérience, promettent d'embrasser l'univers!

Juillet 1849.